INDICADORES TÉCNICOS

PARA INICIANTES
EM TRADE COM CRIPTOMOEDAS

A.S
TRADE

Bônus Exclusivo

Estratégia para transformar 10 mil dólares em mais de 1 milhão de dólares.

INDICADORES TÉCNICOS

PARA INICIANTES
EM TRADE COM CRIPTOMOEDAS

INTRODUÇÃO

Bem-vindo ao nosso e-book sobre os melhores indicadores técnicos para iniciantes em criptomoedas! Neste livro, vamos explorar os principais indicadores técnicos que são úteis para os traders de criptomoedas e como eles podem ser usados em suas estratégias de negociação. Antes de mergulharmos nos detalhes, é importante lembrar que os indicadores técnicos são apenas uma ferramenta a mais no seu arsenal de trade. Eles não são uma solução mágica para prever o futuro do mercado, mas podem ser úteis em conjunto com outras técnicas de análise de mercado. Agora, vamos começar a explorar os melhores indicadores técnicos para iniciantes em criptomoedas e como eles podem ser usados em suas estratégias de negociação.

INDICADORES TÉCNICOS

PARA INICIANTES EM TRADE COM CRIPTOMOEDAS

Dedico este e-book a todos os iniciantes no mundo das criptomoedas que buscam melhorar suas habilidades de trade e aumentar seus conhecimentos sobre indicadores técnicos. Espero que este livro possa ser uma ferramenta valiosa em sua jornada de aprendizado e sucesso no mercado de criptomoedas.

A.S TRADE

A.S TRADE

Pesquisa de Atitude

O QUE SÃO CRIPTOMOEDAS?

POR QUE NEGOCIAR CRIPTOMOEDAS?

QUAIS SÃO OS RICOS DE NEGOCIAR CRIPTOMOEDAS?

O QUE SÃO INDICADORES TÉCNICOS?

POR QUE USAR INDICADORES TÉCNICOS?

QUAIS OS TIPOS DE INDICADORES TÉCNICOS?

COMO USAR UM INDICADOR TÉCNICO?

COMO ESCOLHER O MELHOR INDICADOR TÉCNICO?

COMO EVITAR ERROS AO USAR INDICADOR TÉCNICO?

Antes do Bitcoin

O QUE SÃO CRIPTOMOEDAS

Criptomoedas são moedas virtuais que usam criptografia para garantir a segurança das transações e para controlar a criação de novas unidades. Elas são descentralizadas, o que significa que não são emitidas por nenhum governo ou instituição financeira central. Em vez disso, as criptomoedas são emitidas e controladas por redes de computadores distribuídas em todo o mundo. Esses computadores trabalham juntos para validar e registrar todas as transações em um livro-razão público chamado blockchain.

Blockchain é uma tecnologia de registro distribuído que permite a criação de um registro compartilhado e imutável de dados. Ele foi originalmente desenvolvido para ser usado como o livro-razão do Bitcoin, mas hoje em dia é amplamente utilizado em muitas outras aplicações além das criptomoedas.

A principal característica do blockchain é que ele é descentralizado, o que significa que não é controlado por nenhuma entidade central. Em vez disso, ele é mantido por uma rede de computadores distribuídos em todo o mundo que trabalham juntos para validar e registrar as transações. Cada transação é registrada em um "bloco" e esses blocos são encadeados em uma "cadeia", formando o que é conhecido como blockchain.

Outra característica importante do blockchain é que ele é imutável, o que significa que uma vez que

O QUE SÃO CRIPTOMOEDAS

uma transação é registrada, ela não pode ser alterada ou apagada. Isso torna o blockchain uma plataforma segura para armazenar e compartilhar informações confidenciais, como registros médicos ou dados financeiros. Além disso, o blockchain é transparente, o que significa que qualquer pessoa pode ver as transações registradas na cadeia. No entanto, a privacidade dos usuários é protegida, pois as transações são registradas usando endereços criptografados em vez de nomes reais. As criptomoedas foram criadas em 2009, quando o Bitcoin, a primeira e mais conhecida criptomoeda, foi lançada. O Bitcoin é usado principalmente para realizar transações on-line de forma segura e sem a necessidade de intermediários, como bancos ou empresas de cartão de crédito. Desde então, centenas de outras criptomoedas foram criadas, cada uma com suas próprias características e usos. Algumas das criptomoedas mais populares além do Bitcoin incluem o Ethereum, o Litecoin e o XRP. As criptomoedas são usadas principalmente para realizar transações on-line de forma segura e sem a necessidade de intermediários, como bancos ou empresas de cartão de crédito. Elas também são amplamente utilizadas como investimento, já que muitas pessoas acreditam que as criptomoedas têm um grande potencial de valorização. No entanto, é importante lembrar que o valor das criptomoedas é

O QUE SÃO CRIPTOMOEDAS

altamente volátil e pode flutuar dramaticamente em um curto espaço de tempo.

POR QUE NEGOCIAR CRIPTOMOEDAS

Existem várias razões pelas quais as pessoas decidem negociar criptomoedas. Algumas das principais razões incluem:

Altos retornos: uma das principais razões pelas quais as pessoas decidem negociar criptomoedas é a possibilidade de obter altos retornos em um curto espaço de tempo. As criptomoedas são conhecidas por sua alta volatilidade, o que significa que os preços podem flutuar dramaticamente em um curto espaço de tempo. Isso pode ser um risco, mas também pode ser uma grande oportunidade para os traders que conseguem aproveitar essas flutuações de preço para obter lucros significativos. Baixas taxas: outra razão para negociar criptomoedas é que as taxas de transação são geralmente muito baixas em comparação com outros métodos de pagamento, como cartões de crédito ou transferências bancárias internacionais. Isso pode ser especialmente atraente para empresas que fazem muitas transações on-line e querem economizar nas taxas de processamento.

Anonimato: Algumas pessoas também decidem negociar criptomoedas porque elas oferecem um nível de anonimato. Embora as transações de criptomoedas sejam registradas na blockchain, elas são registradas usando endereços criptografados em vez de nomes reais. Isso pode ser atraente para quem deseja manter suas finanças privadas.

POR QUE NEGOCIAR CRIPTOMOEDAS

Facilidade de uso: finalmente, muitas pessoas acham mais fácil negociar criptomoedas do que outros ativos, como ações ou moedas tradicionais. As criptomoedas podem ser compradas e vendidas rapidamente on-line, sem a necessidade de passar por intermediários como bancos ou corretoras.

Diversificação de portfólio: muitos traders incluem criptomoedas em seus portfólios como forma de diversificação.

As criptomoedas têm uma correlação muito baixa com outros ativos, como ações ou titulos, o que significa que seus preços não se movem necessariamente da mesma forma. Isso pode ajudar a reduzir o risco de um portfólio.

Volatilidade: como mencionado anteriormente, a alta volatilidade das criptomoedas pode ser um risco, mas também pode ser uma grande oportunidade para os traders. A volatilidade oferece mais oportunidades de negociação e pode permitir que os traders lucrem com os movimentos de preço, se eles souberem como aproveitá-los.

Novas oportunidades de investimento: finalmente, muitos traders estão interessados em negociar criptomoedas porque elas representam um novo mercado com muitas oportunidades de investimento. As criptomoedas são uma tecnologia emergente e muitas pessoas acreditam que elas têm um grande potencial de valorização no futuro.

POR QUE NEGOCIAR CRIPTOMOEDAS

Diversificação de portfólio: outra recompensa de negociar criptomoedas é a possibilidade de diversificar o seu portfólio. As criptomoedas têm uma correlação muito baixa com outros ativos, o que significa que seus preços não se movem necessariamente da mesma forma. Isso pode ajudar a reduzir o risco de um portfólio e oferecer mais oportunidades de investimento.

Flexibilidade de negociação: outra recompensa de negociar criptomoedas é a flexibilidade de negociação. As criptomoedas podem ser negociadas a qualquer hora, em qualquer lugar, e as transações podem ser realizadas rapidamente on-line. Isso pode ser especialmente atraente para os traders que desejam ter mais controle sobre suas operações e poder adaptar-se rapidamente às mudanças no mercado.

Oportunidade de investimento em tecnologia emergente: finalmente,

muitos traders estão interessados em negociar criptomoedas porque elas representam uma oportunidade de investimento em uma tecnologia emergente com grande potencial de valorização no futuro. As criptomoedas são uma tecnologia em constante evolução e muitas pessoas acreditam que elas terão um impacto significativo em vários setores, incluindo finanças, tecnologia e até mesmo governo.

RISCOS E RECOMPENSAS DO TRADE DE CRIPTOMOEDAS

O trade de criptomoedas envolve riscos e recompensas, assim como qualquer outro tipo de investimento. Alguns dos principais riscos e recompensas incluem:

Risco de volatilidade: uma das principais razões pelas quais as pessoas decidem negociar criptomoedas é a possibilidade de obter altos retornos em um curto espaço de tempo. No entanto, a alta volatilidade das criptomoedas também pode ser um risco. Os preços das criptomoedas podem flutuar dramaticamente em um curto espaço de tempo, o que pode levar a perdas significativas se o trader não souber como gerenciar o risco.

Risco de hack: Outro risco ao negociar criptomoedas é o risco de hack. As criptomoedas são armazenadas em carteiras digitais, que podem ser vulneráveis a ataques cibernéticos. Se a sua carteira for hackeada, você pode perder todos os seus ativos. É importante tomar medidas de segurança, como usar senhas fortes e ativar a autenticação de dois fatores, para proteger suas criptomoedas.

Risco regulatório: as criptomoedas ainda são uma tecnologia emergente e a regulamentação é um tópico polêmico. Em alguns países, as criptomoedas são proibidas ou fortemente regulamentadas, o que pode afetar o seu valor e a sua capacidade de negociá-las. É importante estar ciente das leis e

RISCOS E RECOMPENSAS DO TRADE DE CRIPTOMOEDAS

regulamentos relevantes em sua região antes de começar a negociar criptomoedas.

Recompensa de altos retornos: como mencionado anteriormente, uma das principais recompensas de negociar criptomoedas é a possibilidade de obter altos retornos em um curto espaço de tempo. Algumas criptomoedas têm se valorizado significativamente desde o seu lançamento, o que pode ser uma grande oportunidade para os traders que conseguem aproveitar os movimentos de preço.

Diversificação de portfólio: outra recompensa de negociar criptomoedas é a possibilidade de diversificar o seu portfólio. As criptomoedas têm uma correlação muito baixa com outros ativos, o que significa que seus preços não se movem necessariamente da mesma forma. Isso pode ajudar a reduzir o risco de um portfólio e oferecer mais oportunidades de investimento.

Flexibilidade de negociação: outra recompensa de negociar criptomoedas é a flexibilidade de negociação. As criptomoedas podem ser negociadas a qualquer hora, em qualquer lugar, e as transações podem ser realizadas rapidamente on-line. Isso pode ser especialmente atraente para os traders que desejam ter mais controle sobre suas operações e poder adaptar-se rapidamente às mudanças no mercado.

Oportunidade de investimento em tecnologia emergente: finalmente, muitos traders estão

RISCOS E RECOMPENSAS DO TRADE DE CRIPTOMOEDAS

interessados em negociar criptomoedas porque elas representam uma oportunidade de investimento em uma tecnologia emergente com grande potencial de valorização no futuro. As criptomoedas são uma tecnologia em constante evolução e muitas pessoas acreditam que elas terão um impacto significativo em vários setores, incluindo finanças, tecnologia e até mesmo governo.

O QUE SÃO INDICADORES TÉCNICOS

Indicadores técnicos são ferramentas usadas por traders para ajudar a avaliar a força e a direção de uma tendência de preço, bem como identificar possíveis pontos de entrada e saída no mercado. Eles são baseados em dados históricos de preços e volume de negociação e podem ser aplicados a gráficos de preços para ajudar os traders a tomar decisões de negociação. Os indicadores técnicos surgiram como uma forma de ajudar os traders a avaliar os movimentos de preço e tomar decisões de negociação. A história dos indicadores técnicos remonta ao século XVII, quando os primeiros gráficos de preços foram criados para ajudar os comerciantes de arroz a entender as variações de preço do arroz no mercado. Esses gráficos eram simples e mostravam apenas os preços de fechamento de uma commodity ao longo do tempo.

No século XVIII, os comerciantes começaram a usar gráficos mais detalhados que mostravam tanto os preços de fechamento quanto os preços de abertura, alta e baixa de uma commodity.

No século XIX, os primeiros indicadores técnicos foram desenvolvidos por Charles Dow, um jornalista financeiro e fundador da Dow Jones & Company. Dow criou o Índice Dow Jones, que era um índice de média de preços das ações de algumas das empresas mais importantes da época. Ele também desenvolveu o conceito de tendências de mercado, que ainda é amplamente utilizado hoje em dia.

O QUE SÃO INDICADORES TÉCNICOS

Desde então, muitos outros indicadores técnicos foram desenvolvidos por analistas técnicos e traders. Hoje em dia, os indicadores técnicos são amplamente utilizados por traders de todo o mundo como uma ferramenta para ajudar a avaliar os movimentos de preço e tomar decisões de negociação.

POR QUE USAR INDICADORES TÉCNICOS

Existem muitas razões pelas quais os traders de criptomoedas podem querer usar indicadores técnicos em suas estratégias de negociação. Algumas das principais razões incluem:

Ajuda a identificar tendências: um dos principais objetivos de qualquer trader é identificar tendências de preço. Os indicadores técnicos, como médias móveis, podem ajudar a suavizar os movimentos de preço e a identificar tendências mais facilmente.

Identificação de possíveis pontos de entrada e saída: outra razão para usar indicadores técnicos no trade de criptomoedas é ajudar a identificar possíveis pontos de entrada e saída no mercado. Alguns indicadores, como o índice de força relativa (RSI), podem ajudar a medir a força relativa de uma tendência de preço e identificar possíveis pontos de sobrecompra ou sobrevenda.

Ajuda a medir a volatilidade do mercado: alguns indicadores técnicos, como as Bandas de Bollinger, são especialmente úteis para medir a volatilidade do mercado. Isso pode ser útil para os traders que querem entrar em posições quando o mercado está menos volátil e sair quando a volatilidade aumenta.

Ajuda a identificar possíveis mudanças de tendência: outra razão para usar indicadores técnicos no trade de criptomoedas é ajudar a identificar possíveis mudanças de tendência.

POR QUE USAR INDICADORES TÉCNICOS

Alguns indicadores, como o índice de canal de mercadoria (CCI), podem ajudar a medir a força de uma tendência de preço e identificar possíveis mudanças de tendência.

Oferece uma visão mais ampla do mercado: por fim, usar vários indicadores técnicos em conjunto pode ajudar os traders a ter uma visão mais ampla do mercado e tomar decisões de negociação mais informadas. Ao invés de se basear em apenas um indicador, os traders podem usar vários indicadores diferentes para ter uma compreensão mais completa do mercado e tomar decisões com base em dados quantitativos, em vez de apenas com base em suposições ou sentimentos.

TIPOS DE INDICADORES TÉCNICOS

Existem muitos tipos diferentes de indicadores técnicos disponíveis para os traders. Alguns dos indicadores técnicos mais populares incluem:

Médias móveis: as médias móveis são usadas para suavizar os movimentos de preço e ajudar a identificar tendências. Existem vários tipos de médias móveis, como a média móvel simples (SMA), a média móvel exponencial (EMA) e a média móvel ponderada (WMA).

A média móvel simples (SMA) é um indicador técnico usado para suavizar os movimentos de preço e ajudar a identificar tendências. É calculada tomando-se a média aritmética dos preços de fechamento de um ativo ao longo de um determinado período de tempo.

Por exemplo, se um trader quiser calcular a SMA de um ativo para os últimos 10 dias, ele adicionaria os preços de fechamento de cada dia e dividiria o resultado por 10. O resultado é a SMA para o período de 10 dias.

A SMA é uma média móvel ponderada, o que significa que os preços mais recentes têm dado um peso maior na média. Isso pode ser útil para identificar tendências mais rapidamente, pois dá mais peso aos preços mais recentes.

No entanto, a SMA também tem suas limitações. Como é uma média simples, ela não leva em

TIPOS DE INDICADORES TÉCNICOS

consideração a volatilidade do mercado e pode não ser tão precisa quanto outros tipos de médias móveis, como a média móvel exponencial (EMA) ou a média móvel ponderada (WMA).

Apesar disso, a SMA ainda é um indicador técnico popular entre os traders e pode ser uma ferramenta útil para ajudar a identificar tendências de preço e tomar decisões de negociação informadas.

A média móvel exponencial (EMA) é um indicador técnico usado para suavizar os movimentos de preço e ajudar a identificar tendências. É semelhante à média móvel simples (SMA), mas dá mais peso aos preços mais recentes para refletir a volatilidade do mercado. Para calcular a EMA, é preciso primeiro calcular a SMA para o período de tempo desejado. Em seguida, é preciso calcular a diferença entre o preço atual e a SMA. Esse valor é multiplicado por um fator de suavização, que é geralmente fixado em 2/(n+1), onde "n" é o número de períodos de tempo da EMA. O resultado é adicionado à SMA para obter a EMA.

A EMA é um indicador técnico popular entre os traders porque reage mais
rapidamente às mudanças de preço do que a SMA. No entanto, também pode ser menos precisa do que outros tipos de médias móveis, como a média móvel ponderada (WMA).

A média móvel ponderada (WMA) é um indicador técnico usado para suavizar os movimentos de

TIPOS DE INDICADORES TÉCNICOS

preço e ajudar a identificar tendências. É semelhante à média móvel simples (SMA), mas dá mais peso aos preços mais recentes para refletir a volatilidade do mercado.

Para calcular a WMA, é preciso atribuir um peso diferente a cada preço de

fechamento, com os preços mais recentes tendo um peso maior. Em seguida, os preços são multiplicados pelos seus respectivos pesos e o resultado é adicionado. O total é então dividido pela soma dos pesos para obter a WMA.

A WMA é um indicador técnico popular entre os traders porque reage mais rapidamente às mudanças de preço do que a SMA e é mais precisa do que a média móvel exponencial (EMA). No entanto, como é mais complexa de calcular do que as outras médias móveis, pode ser menos comumente usada.

Índice de força relativa (RSI): o RSI é usado para medir a força relativa de uma tendência de preço e identificar possíveis pontos de sobrecompra ou sobrevenda.

O RSI é um oscilador que varia entre 0 e 100 e é calculado com base nos preços de fechamento de um ativo ao longo de um determinado período de tempo.

O Índice de força relativa (RSI) é um indicador técnico usado para medir a força de uma tendência

TIPOS DE INDICADORES TÉCNICOS

de preço e identificar possíveis mudanças de tendência. Ele é calculado dividindo o valor de um indicador chamado "Upward Movement" pelo valor de um indicador chamado "Downward Movement", ambos calculados a partir dos preços de fechamento de um ativo.

O Upward Movement é o valor acumulado de todos os ganhos de preço durante um determinado período de tempo, enquanto o Downward Movement é o valor acumulado de todas as perdas de preço durante o mesmo período de tempo.

O RSI é um oscilador que varia entre 0 e 100 e é usado para identificar possíveis sobrecompra ou sobrevenda de um ativo. Valores acima de 70 são geralmente considerados indicativos de sobrecompra, enquanto valores abaixo de 30 são considerados indicativos de sobrevenda.

O RSI é um indicador técnico popular entre os traders e pode ser usado em conjunto com outros indicadores técnicos e técnicas de análise para ajudar a identificar tendências de preço e tomar decisões de negociação informadas.

Índice de canal de Mercadoria (CCI): o CCI é usado para medir a força de uma tendência de preço e identificar possíveis mudanças de tendência. O CCI é um oscilador que varia entre valores negativos e positivos e é calculado com base nos preços de fechamento de um ativo ao longo de um determinado período de tempo.

TIPOS DE INDICADORES TÉCNICOS

Ele é calculado tomando-se a diferença entre o preço de fechamento de um ativo e sua média móvel e dividindo o resultado pelo desvio padrão dos preços de fechamento.

O CCI é um oscilador que varia entre -100 e 100 e é usado para identificar possíveis sobrecompra ou sobrevenda de um ativo. Valores acima de 100 são geralmente considerados indicativos de sobrecompra, enquanto valores abaixo de -100 são considerados indicativos de sobrevenda.

Bandas de Bollinger: as Bandas de Bollinger são usadas para medir a volatilidade do mercado e identificar possíveis pontos de entrada e saída. As Bandas de Bollinger são formadas por três linhas: uma linha média e duas linhas externas. A linha média é uma média móvel, enquanto as linhas externas são calculadas com base na volatilidade do mercado.

As Bandas de Bollinger são um indicador técnico usado para medir a volatilidade de um ativo e identificar possíveis mudanças de tendência. Elas são formadas por três linhas que são desenhadas em torno da média móvel de um ativo. A linha central é a média móvel, enquanto as linhas superior e inferior são desenhadas a uma determinada distância (geralmente dois desvios padrão) acima e abaixo da média móvel.

As Bandas de Bollinger são usadas para medir a

TIPOS DE INDICADORES TÉCNICOS

volatilidade de um ativo e identificar possíveis pontos de entrada e saída de trades. Quando o preço de um ativo se aproxima da linha superior das Bandas de Bollinger, pode ser um sinal de sobrecompra e um potencial ponto de saída de trade. Quando o preço se aproxima da linha inferior, pode ser um sinal de sobrevenda e um potencial ponto de entrada de trade.

Índice de força de mercado (MFI): O MFI é um indicador que mede a força

relativa de um ativo usando dados de volume de negociação.

Ele é usado para identificar sinais de compra e venda e pode ser útil para trade de criptomoedas a longo prazo.

O Índice de Força de Mercado (MFI) é um indicador técnico usado para medir a força relativa de um ativo usando dados de volume de negociação. Ele é calculado dividindo o valor de um ativo pelo seu volume de negociação e é usado para identificar sinais de compra e venda.

O MFI é um indicador de momentum que ajuda os traders a entender se um ativo está sendo negociado com força ou fraqueza. Quando o MFI está aumentando, isso pode indicar que o volume de compra está aumentando e que o ativo está sendo negociado com mais força. Quando o MFI está diminuindo, isso pode indicar que o volume de

TIPOS DE INDICADORES TÉCNICOS

venda está aumentando e que o ativo está sendo negociado com mais franqueza.

O MFI também é conhecido por gerar sinais de compra e venda quando

atinge níveis extremos. Por exemplo, um sinal de compra pode ser gerado quando o MFI atinge um nível de sobrevenda (abaixo de 20) e um sinal de venda pode ser gerado quando o MFI atinge um nível de sobrecompra (acima de 80). No entanto, é importante lembrar que esses sinais devem ser confirmados por outros indicadores técnicos ou fatores fundamentais antes de tomar uma decisão de negociação.

Em resumo, o MFI é um indicador útil para traders que buscam medir a força relativa de um ativo usando dados de volume de negociação e identificar sinais de compra e venda. Ele é especialmente útil para trade de criptomoedas a longo prazo e deve ser usado em conjunto com outras técnicas de análise para tomar decisões de negociação informadas.

Índice direcional médio (ADX): O ADX é um indicador que mede a força da tendência de um ativo. Ele é usado para identificar tendências de alta ou baixa e pode ser útil para trade de criptomoedas a longo prazo.

O Índice Direcional Médio (ADX) é um indicador técnico usado para medir a força de uma tendência

TIPOS DE INDICADORES TÉCNICOS

de preço. Ele é calculado usando uma média móvel exponencial do Índice Direcional (DI) e é usado para identificar tendências de alta ou baixa.

O ADX é um indicador de momentum que ajuda os traders a entender se um ativo está tendendo de forma forte ou fraca. Quando o ADX está aumentando, isso pode indicar que a tendência está se fortalecendo. Quando o ADX está diminuindo, isso pode indicar que a tendência está perdendo força.

O ADX também é conhecido por gerar sinais de tendência quando atinge níveis extremos. Por exemplo, um sinal de tendência de alta pode ser gerado quando o ADX atinge um nível de sobrevenda (abaixo de 20) e um sinal de tendência de baixa pode ser gerado quando o ADX atinge um nível de sobrecompra (acima de 80). No entanto, é importante lembrar que esses sinais devem ser confirmados por outros indicadores técnicos ou fatores fundamentais antes de tomar uma decisão de negociação. Em resumo, o ADX é um indicador útil para traders que buscam medir a força

de uma tendência de preço e identificar sinais de tendência de alta ou baixa. Ele é especialmente útil para trade de criptomoedas a longo prazo e deve ser usado em conjunto com outras técnicas de análise para tomar decisões de negociação.

INTERPRETANDO OS INDICADORES TÉCNICOS

Interpretar os indicadores técnicos pode ajudar os traders a tomar decisões informadas sobre quando entrar ou sair de um trade. No entanto, é importante lembrar que os indicadores técnicos são apenas uma ferramenta e devem ser usados em conjunto com outras técnicas de análise, como análise fundamental e análise de mercado.

Para interpretar os indicadores técnicos, é importante prestar atenção aos valores e ao comportamento dos indicadores em relação aos preços de um ativo. Por exemplo, se o RSI estiver acima de 70, pode ser um sinal de que o ativo está sobrecomprado e pode haver um potencial de queda de preço no futuro. Por outro lado, se o RSI estiver abaixo de 30, pode ser um sinal de que o ativo está sobrevendido e pode haver um potencial de aumento de preço no futuro. Outra coisa a considerar ao interpretar os indicadores técnicos é o contexto do mercado. Por exemplo, um ativo que está em uma tendência de alta pode ter um RSI acima de 70 por um período prolongado de tempo, o que não seria considerado um sinal de sobrecompra neste contexto.

Além disso, é importante lembrar que os indicadores técnicos são baseados em dados passados e podem não ser precisos em prever o futuro. Portanto, é importante usar vários indicadores técnicos e técnicas de análise para

INTERPRETANDO OS INDICADORES TÉCNICOS

obter uma visão mais completa do mercado e tomar decisões de negociação informadas.

Para se tornar um trader bem sucedido, é importante desenvolver uma compreensão profunda dos indicadores técnicos e como usá-los de maneira eficaz em conjunto com outras técnicas de análise. Isso pode levar tempo e prática, mas é fundamental para tomar decisões de negociação informadas e lucrativas.

COMO USAR OS INDICADORES TÉCNICOS EM SUAS ESTRATÉGIAS DE TRADE

Os indicadores técnicos podem ser uma ferramenta valiosa para os traders de criptomoedas, ajudando-os a identificar tendências de preço e tomar decisões de negociação informadas. No entanto, é importante lembrar que os indicadores técnicos devem ser usados em conjunto com outras técnicas de análise, como análise fundamental e análise de mercado.

Para usar os indicadores técnicos em suas estratégias de trade de criptomoedas, é importante primeiro escolher os indicadores que melhor se adequam ao seu estilo de negociação e às suas necessidades. Em seguida, é importante testar os indicadores.

Testar os indicadores técnicos em suas estratégias de trade com criptomoedas é uma etapa importante para garantir que você esteja usando os indicadores de maneira eficaz e para entender como eles se comportam em diferentes condições de mercado.

Existem várias maneiras de testar os indicadores técnicos em suas estratégias de trade com criptomoedas. Uma das maneiras é usar dados históricos de preços de criptomoedas e aplicar os indicadores a esses dados. Isso permitirá que você veja como os indicadores se comportam em condições de mercado específicas e faça ajustes conforme necessário.

COMO USAR OS INDICADORES TÉCNICOS EM SUAS ESTRATÉGIAS DE TRADE

Outra maneira de testar os indicadores técnicos é usar uma conta de demonstração. As contas de demonstração permitem que você negocie com dinheiro virtual e teste suas estratégias sem correr o risco de perder dinheiro real. Isso é especialmente útil para os iniciantes que estão apenas começando a aprender sobre o trade de criptomoedas.

Uma vez que você entenda como os indicadores funcionam e como usá-los em suas estratégias de trade, é importante lembrar de monitorar continuamente seu desempenho e fazer ajustes conforme necessário.

Os indicadores técnicos podem ser uma ferramenta valiosa para os traders de criptomoedas, ajudando-os a identificar tendências de preço e tomar decisões de negociação informadas. No entanto, é importante lembrar que os indicadores técnicos devem ser usados em conjunto com outras técnicas de análise, como análise fundamental e análise de mercado.

Para usar os indicadores técnicos em suas estratégias de trade de criptomoedas, é importante primeiro escolher os indicadores que melhor se adequam ao seu estilo de negociação e às suas necessidades. Em seguida, é importante testar os indicadores. Testar os indicadores técnicos em suas estratégias de trade com criptomoedas é uma etapa

COMO USAR OS INDICADORES TÉCNICOS EM SUAS ESTRATÉGIAS DE TRADE

importante para garantir que você esteja usando os indicadores de maneira eficaz e para entender como eles se comportam em diferentes condições de mercado.

Existem várias maneiras de testar os indicadores técnicos em suas estratégias de trade com criptomoedas. Uma das maneiras é usar dados históricos de preços de criptomoedas e aplicar os indicadores a esses dados. Isso permitirá que você veja como os indicadores se comportam em condições de mercado específicas e faça ajustes conforme necessário.

Outra maneira de testar os indicadores técnicos é usar uma conta de demonstração. As contas de demonstração permitem que você negocie com dinheiro virtual e teste suas estratégias sem correr o risco de perder dinheiro real. Isso é especialmente útil para os iniciantes que estão apenas começando a aprender sobre o trade de criptomoedas.

Uma vez que você entenda como os indicadores funcionam e como usá-los em suas estratégias de trade, é importante lembrar de monitorar continuamente seu desempenho e fazer ajustes conforme necessário. Os mercados de criptomoedas são altamente voláteis e podem mudar rapidamente, portanto, é importante estar sempre atento e pronto para se adaptar às mudanças.

COMO USAR OS INDICADORES TÉCNICOS EM SUAS ESTRATÉGIAS DE TRADE

Em resumo, os indicadores técnicos podem ser uma ferramenta valiosa para os traders de criptomoedas.

COMO ESCOLHER OS INDICADORES TÉCNICOS CERTOS PARA SUAS ESTRATÉGIAS

Com tantos tipos diferentes de indicadores técnicos disponíveis, escolher os indicadores certos para suas estratégias de trade de criptomoedas pode ser um desafio. No entanto, existem alguns fatores a considerar ao escolher os indicadores técnicos certos para suas estratégias.

Um dos primeiros fatores a considerar é o seu estilo de negociação. Alguns indicadores técnicos são mais adequados para traders de longo prazo, enquanto outros são mais adequados para traders de curto prazo. Certifique-se de escolher indicadores que se adequem ao seu estilo de negociação e às suas necessidades.

Exemplos de indicadores para traders de curto prazo são: Médias móveis e Índice de força relativa (RSI). Já para traders de longo prazo são: Índice de força de mercado (MFI) e o Índice Direcional Médio (ADX).

Outro fator a considerar é o objetivo da sua estratégia de trade. Alguns indicadores técnicos são mais adequados para identificar tendências de preço, enquanto outros são mais adequados para medir a volatilidade de um ativo. Certifique-se de escolher indicadores que ajudem a alcançar os objetivos da sua estratégia.

O objetivo de uma estratégia de trade é fornecer

COMO ESCOLHER OS INDICADORES TÉCNICOS CERTOS PARA SUAS ESTRATÉGIAS

um plano de ação para a tomada de decisões de negociação. Ele define as regras para entrar e sair de uma negociação e pode incluir critérios como o ativo a ser negociado, o prazo da negociação, o preço de entrada e de saída e a gestão de risco.

Outro objetivo de uma estratégia de trade é ajudar os traders a tomar decisões de negociação consistentes e disciplinadas. Ele também pode ajudar a minimizar o impacto emocional nas decisões de negociação, uma vez que as regras da estratégia são seguidas independentemente das variações do mercado.

Além disso, o objetivo de uma estratégia de trade é aumentar as chances de sucesso ao longo do tempo. Isso pode ser alcançado através da seleção cuidadosa de ativos para negociar, da implementação de técnicas de gestão de risco eficazes e da constante avaliação e ajuste da estratégia para acompanhar as mudanças no mercado. Em resumo, o objetivo de uma estratégia de trade é fornecer um plano de ação para a tomada de decisões de negociação, aumentar as chances de sucesso ao longo do tempo e minimizar o impacto emocional nas decisões de negociação.

Finalmente, é importante lembrar que não existe um conjunto de indicadores técnicos "perfeito" que

COMO ESCOLHER OS INDICADORES TÉCNICOS CERTOS PARA SUAS ESTRATÉGIAS

seja adequado para todas as estratégias de trade de criptomoedas. É importante testar diferentes combinações de indicadores e ajustá-los conforme necessário para encontrar a combinação que funciona melhor para você.

Em resumo, escolher os indicadores técnicos certos para suas estratégias de trade de criptomoedas é uma questão de considerar o seu estilo de negociação, o objetivo da sua estratégia e testar diferentes combinações de indicadores. Isso pode ajudá-lo a ter sucesso em suas operações.

EXEMPLOS DE ESTRATÉGIAS COM INDICADORES TÉCNICOS

Uma estratégia de trade é um plano de ação para a tomada de decisões de negociação. Ela define as regras para entrar e sair de uma negociação e pode incluir critérios como o ativo a ser negociado, o prazo da negociação, o preço de entrada e de saída e a gestão de risco.

O objetivo de uma estratégia de trade é ajudar os traders a tomar decisões de negociação consistentes e disciplinadas. Ela também pode ajudar a minimizar o impacto emocional nas decisões de negociação, uma vez que as regras da estratégia são seguidas independentemente das variações do mercado.

Existem vários tipos diferentes de estratégias de trade, incluindo estratégias baseadas em análise técnica, fundamentos, tendências, noticias e eventos de mercado. Os traders podem escolher entre esses tipos de estratégias de acordo com seus objetivos de investimento, estilo de negociação e conhecimento do mercado. Aqui estão alguns exemplos de estratégias de trade de criptomoedas com indicadores técnicos:

Estratégia de SMA: Essa estratégia utiliza a média móvel simples (SMA) para

identificar sinais de compra e venda. Quando o preço de uma criptomoeda cruza acima da SMA de 50 períodos, isso pode ser um sinal de compra, enquanto que quando o preço cruza abaixo da SMA

EXEMPLOS DE ESTRATÉGIAS COM INDICADORES TÉCNICOS

de 50 períodos, isso pode ser um sinal de venda.

Estratégia de RSI: Essa estratégia utiliza o Índice de Força Relativa (RSI) para identificar sinais de sobrecompra e sobrevenda. Quando o RSI atinge um nível de sobrecompra (acima de 70), isso pode ser um sinal de venda, enquanto que quando o RSI atinge um nível de sobrevenda (abaixo de 30), isso pode ser um sinal de compra.

Estratégia de Bandas de Bollinger: Essa estratégia utiliza as Bandas de Bollinger para identificar sinais de compra e venda. Quando o preço de uma criptomoeda toca a banda inferior, isso pode ser um sinal de compra, enquanto que quando o preço toca a banda superior, isso pode ser um sinal de venda.

Estratégia de ADX: Essa estratégia utiliza o Índice Direcional Médio (ADX) para identificar sinais de tendência de alta ou baixa. Quando o ADX está aumentando, isso pode indicar que a tendência está se fortalecendo e pode ser um sinal de compra, enquanto que quando o ADX está diminuindo, isso pode indicar que a tendência está perdendo força e pode ser um sinal de venda.

Estratégia de MACD: Essa estratégia utiliza o Indicador de Convergência e Divergência Média Móvel (MACD) para identificar sinais de compra e venda. Quando o MACD cruza acima da linha de sinal, isso pode ser um sinal de compra, enquanto que quando o MACD cruza abaixo da linha de sinal,

EXEMPLOS DE ESTRATÉGIAS COM INDICADORES TÉCNICOS

isso pode ser um sinal de venda.

Em resumo, essas são algumas estratégias de trade de criptomoedas que utilizam indicadores técnicos para identificar sinais de compra e venda e tendências de alta ou baixa.

COMO ADAPTAR AS ESTRATÉGIAS PARA SEUS OBJETIVOS DE TRADE E PERFIL DE RISCO

Defina seus objetivos de trade: Antes de escolher uma estratégia, é importante ter em mente seus objetivos de trade. Alguns exemplos de objetivos de trade incluem a maximização de lucros, o aumento da renda ou a preservação do capital. Certifique-se de que sua estratégia esteja alinhada com seus objetivos de trade.

Conheça seu perfil de risco: É importante entender o quanto de risco você está disposto a assumir antes de escolher uma estratégia. Alguns traders são mais agressivos e estão dispostos a correr mais riscos, enquanto outros são mais conservadores e preferem estratégias com menos risco.

Certifique-se de que sua estratégia esteja de acordo com seu perfil de risco. Teste sua estratégia: Antes de implementar sua estratégia em suas negociações reais, é importante testá-la em um ambiente de negociação simulado. Isso permitirá que você veja como sua estratégia se comporta em diferentes condições de mercado e ajude a identificar quaisquer ajustes que precisam ser feitos.

Ajuste sua estratégia: A partir dos resultados de seus testes, você pode precisar ajustar sua estratégia para melhor se adequar a seus objetivos de trade e perfil de risco. Isso pode incluir mudanças nas regras de entrada e saída, na gestão

COMO ADAPTAR AS ESTRATÉGIAS PARA SEUS OBJETIVOS DE TRADE E PERFIL DE RISCO

de risco e até mesmo no ativo que você está negociando.

Monitorar e avaliar: Uma vez que sua estratégia está sendo implementada em suas negociações reais, é importante monitorar e avaliar continuamente seu desempenho. Isso permitirá que você identifique quaisquer ajustes adicionais que possam ser necessários e ajude a garantir que sua estratégia esteja alinhada com seus objetivos de trade e perfil de risco.

Estudar o mercado: É importante ter um bom conhecimento do mercado em que você está negociando.

Isso inclui entender os fatores que podem afetar os preços dos ativos, como noticias e eventos econômicos, políticos e de mercado. Quanto mais você entender sobre o mercado, mais facilmente poderá adaptar sua estratégia de trade para as condições de mercado atuais.

Manter um diário de trade: Manter um diário de trade pode ajudá-lo a identificar padrões e tendências em suas negociações e ajustar sua estratégia de acordo. Isso também pode ajudá-lo a identificar erros comuns e a evitá-los no futuro.

Aprender com os erros: Se sua estratégia não estiver dando os resultados desejados, não hesite

COMO ADAPTAR AS ESTRATÉGIAS PARA SEUS OBJETIVOS DE TRADE E PERFIL DE RISCO

em revisá-la e fazer ajustes. Ao aprender com seus erros, você pode melhorar sua estratégia e aumentar suas chances de sucesso no trade de criptomoedas.

Manter-se atualizado: As condições de mercado estão constantemente mudando, então é importante manter-se atualizado sobre as últimas tendências e noticias de mercado. Isso pode ajudá-lo a identificar oportunidades de negociação e ajustar sua estratégia de trade de acordo.

Em resumo, adaptar uma estratégia de trade para seus objetivos de trade e perfil de risco envolve definir esses objetivos e perfil, testar sua estratégia, adaptar uma estratégia de trade para seus objetivos de trade e perfil de risco também envolve ajustar a estratégia de acordo com os resultados dos testes, monitorar e avaliar continuamente o desempenho da estratégia e fazer ajustes adicionais conforme necessário.

É importante lembrar que uma estratégia de trade bem-sucedida não é uma solução "one size fits all" e pode precisar ser ajustada de acordo com as condições de mercado e seus próprios objetivos e perfil de risco. Ao fazer esses ajustes de forma consistente, você pode aumentar suas chances de

COMO EVITAR ERROS COMUNS AO USAR INDICADORES TÉCNICOS

Os indicadores técnicos podem ajudar a evitar erros de várias maneiras. Pois fornecem uma visão mais clara do mercado: Os indicadores técnicos podem ajudar a identificar padrões e tendências no mercado que podem ser difíceis de ver apenas olhando para os gráficos de preço. Isso pode ajudar os traders a tomar decisões de negociação mais informadas e evitar erros comuns, como entrar em negociações quando o mercado está tendendo na direção oposta. Ao usar indicadores técnicos de maneira eficaz, os traders podem aumentar suas chances de sucesso no trade de criptomoedas ao longo do tempo, por isso é importante:

Não depender apenas de um indicador: Não dependa apenas de um indicador técnico para tomar decisões de negociação. Em vez disso, use uma combinação de indicadores técnicos para confirmar as tendências e sinais de compra e venda. Não tentar se encaixar no mercado: Não force sua estratégia de trade em um mercado que não se adequa a ela. Se sua estratégia não estiver funcionando, é possível que ela não esteja adequada para as condições de mercado atuais. Nesse caso, considere fazer ajustes ou considerar uma estratégia diferente.

Não ignorar a análise fundamental: Não ignore a

COMO EVITAR ERROS COMUNS AO USAR INDICADORES TÉCNICOS

análise fundamentalista ao usar indicadores técnicos. A análise fundamentalista envolve a avaliação de fatores econômicos, políticos e de mercado que podem afetar o preço de um ativo. Ao considerar esses fatores junto com os indicadores técnicos, você pode ter uma visão mais completa do mercado e tomar decisões de negociação mais concreta.

Não exagerar na alavancagem: Não exagere na alavancagem ao usar indicadores técnicos. A alavancagem permite que você negocie com quantias maiores do que o que tem em sua conta, mas também aumenta o risco.

Se você usar alavancagem em excesso, pode se expor a perdas significativas se o mercado se mover contra você.

Não deixar de gerenciar o risco: Não deixe de gerenciar o risco ao usar indicadores técnicos. Isso inclui definir limites de perda e garantir que você não está arriscando mais do que pode perder. O gerenciamento de risco é crucial para proteger o capital de negociação e ajudar a garantir que você possa continuar negociando no futuro.

Em resumo, evitar erros comuns ao usar indicadores técnicos envolve não depender apenas de um

COMO EVITAR ERROS COMUNS AO USAR INDICADORES TÉCNICOS

indicador, não tentar se encaixar no mercado, não ignorar a análise fundamental, não exagerar na alavancagem e não deixar de gerenciar o risco. Ao seguir essas dicas, você pode aumentar suas chances de sucesso no trade de criptomoedas ao longo do tempo.

COMO TESTAR E AJUSTAR SUAS ESTRATÉGIAS COM INDICADORES TÉCNICOS

Existem várias razões pelas quais é importante testar e ajustar suas estratégias com indicadores técnicos em criptomoedas:

Identificar pontos fortes e fracos: Ao testar suas estratégias em uma conta de demonstração, você pode identificar pontos fortes e fracos em suas estratégias e fazer ajustes onde necessário. Isso pode ajudá-lo a tornar suas estratégias mais eficazes e aumentar suas chances de sucesso no trade de criptomoedas.

Ajustar as condições de mercado: O mercado de criptomoedas está em constante mudança, e as condições de mercado podem mudar rapidamente. Testar e ajustar suas estratégias com indicadores técnicos pode ajudá-lo a se adaptar às condições de mercado atuais e a aproveitar oportunidades de negociação.

Aumentar a precisão: Ao testar e ajustar suas estratégias com indicadores técnicos, você pode aumentar a precisão das previsões de preço e tomar decisões de negociação mais informadas. Isso pode ajudá-lo a maximizar seus lucros e minimizar suas perdas no trade de criptomoedas.

Minimizar o risco: Ajustar suas estratégias com indicadores técnicos também pode ajudá-lo a minimizar o risco de negociação. Por exemplo, você

COMO TESTAR E AJUSTAR SUAS ESTRATÉGIAS COM INDICADORES TÉCNICOS

pode usar indicadores técnicos para identificar pontos de entrada e saída mais seguros, o que pode ajudar a proteger seu capital de negociação. Em resumo, testar e ajustar suas estratégias com indicadores técnicos em criptomoedas é importante porque pode ajudá-lo a identificar pontos fortes e fracos, ajustar às condições de mercado, aumentar a precisão e minimizar o risco de negociação. Aqui estão algumas dicas para testar e ajustar suas estratégias com indicadores técnicos:

Use uma conta de demonstração: Antes de começar a negociar com dinheiro real, é importante testar suas estratégias em uma conta de demonstração. Isso permitirá que você veja como suas estratégias funcionam em condições de mercado reais, mas sem o risco de perder dinheiro.

Analise seus resultados: Depois de testar suas estratégias em uma conta de demonstração, é importante analisar seus resultados. Isso inclui ver quantas negociações foram bem-sucedidas, quantas foram perdidas e quais foram os lucros e perdas totais. Essa análise pode ajudá-lo a identificar pontos fortes e fracos em suas estratégias e a fazer ajustes onde necessário. Faça ajustes: Se suas estratégias não estiverem funcionando como o esperado, considere fazer ajustes. Isso pode incluir

COMO TESTAR E AJUSTAR SUAS ESTRATÉGIAS COM INDICADORES TÉCNICOS

alterar os indicadores técnicos que você está usando, alterar os parâmetros dos indicadores ou até mesmo mudar para uma estratégia diferente. É importante estar disposto a fazer ajustes à medida que o mercado muda e evolui.

Teste novamente: Depois de fazer ajustes em suas estratégias, é importante testá-las novamente para ver se estão funcionando de maneira mais eficaz. Continuar testando e ajustando suas estratégias é uma parte importante do processo de negociação bem-sucedida.

Considere o contexto do mercado: Os indicadores técnicos podem ser afetados por eventos e noticias fundamentais. Quando usar indicadores técnicos, é importante levar em consideração o contexto do mercado e como esses eventos podem afetar os preços.

Mantenha-se atualizado: Como o mercado de criptomoedas está em constante mudança, é importante manter-se atualizado sobre as últimas tendências e noticias. Isso pode ajudá-lo a tomar decisões de negociação mais informadas e ajustar suas estratégias conforme necessário.

Pratique a gestão de risco: Independentemente de quais indicadores técnicos você esteja usando, é importante praticar a gestão de risco de maneira

COMO TESTAR E AJUSTAR SUAS ESTRATÉGIAS COM INDICADORES TÉCNICOS

eficaz. Isso inclui definir limites de perda, não arriscar mais do que você está disposto a perder e diversificar suas negociações.

Em resumo, testar e ajustar suas estratégias com indicadores técnicos envolve usar uma conta de demonstração, analisar seus resultados, fazer ajustes e testar novamente. Ao seguir essas dicas, você pode aumentar suas chances de sucesso no trade de criptomoedas ao longo do tempo.

Bônus Exclusivo

Estratégia para transformar 10 mil dólares em mais de 1 milhão de dólares.

A ESTRATÉGIA USADA PARA IR DE 10 MIL DÓLARES PARA MIAS DE 1 MILHÃO DÓLARES

Larry Williams é um famoso investidor e comerciante de ações e commodities, conhecido por sua estratégia de negociação de curto prazo chamada "Larry Williams 9.1". Ele é autor de vários livros sobre negociação, incluindo "How I Made One Million Dollars Last Year Trading Commodities" e "Long-Term Secrets to Short-Term Trading". Além disso, ele é palestrante frequente em conferências de negociação e é considerado um especialista em técnicas de análise técnica e gerenciamento de risco.

A estratégia de Larry Williams 9.1 é uma forma simples e eficaz de negociar criptomoedas usando indicadores técnicos. Ela se baseia na média móvel exponencial (EMA) de 9 para identificar tendências no mercado e determinar pontos de entrada e saída.

A EMA é um indicador técnico que ajuda a suavizar os dados de preço e a identificar tendências mais facilmente.

Para usar a estratégia de Larry Williams 9.1, siga os seguintes passos:

Abra o gráfico da criptomoeda que você deseja negociar e adicione a EMA de 9 a ele.

Identifique a tendência: Observe o gráfico de preços e veja se o preço da criptomoeda está acima ou abaixo da EMA de 9. Se o preço estiver acima da

A ESTRATÉGIA USADA PARA IR DE 10 MIL DÓLARES PARA MIAS DE 1 MILHÃO DÓLARES

EMA, isso pode indicar uma tendência de alta. Se o preço estiver abaixo da EMA, isso pode indicar uma tendência de baixa.

Determine o ponto de entrada: Quando você identificar a tendência, espere até que o preço da criptomoeda toque na EMA de 9 antes de inserir uma ordem. Por exemplo, se a tendência de alta e o preço da criptomoeda cruzar a EMA de 9 de baixo para cima, isso pode ser um sinal para inserir uma ordem de compra, quando a vela fechar acima da EMA, entre com sua ordem na abertura do candle seguinte.

Insira a ordem: Quando o preço da criptomoeda cruzar a EMA de 9, insira uma ordem de compra ou venda, dependendo da tendência.

Stop Loss: é definido abaixo da vela anterior de entrada na operação.

Take Profit: Quando entrou comprado, o preço da criptomoeda cruzou a EMA de 9 de baixo para cima, então feche a ordem quando o preço voltar cruzar a EMA DE 9 de cima para baixo. Quando entrou vendido o preço da criptomoeda cruzou a EMA de 9 de cima para baixo, então feche a ordem quando o preço voltar cruzar a EMA DE 9 de baixo para cima.

Acompanhe sua posição: Depois de inserir a ordem, fique atento ao mercado e ajuste seu stop loss e

A ESTRATÉGIA USADA PARA IR DE 10 MIL DÓLARES PARA MIAS DE 1 MILHÃO DÓLARES

take profit de acordo com as condições de mercado. Se a tendência continuar, você pode ter lucro com sua posição. Se a tendência se inverte, você pode fechar a posição para minimizar suas perdas.

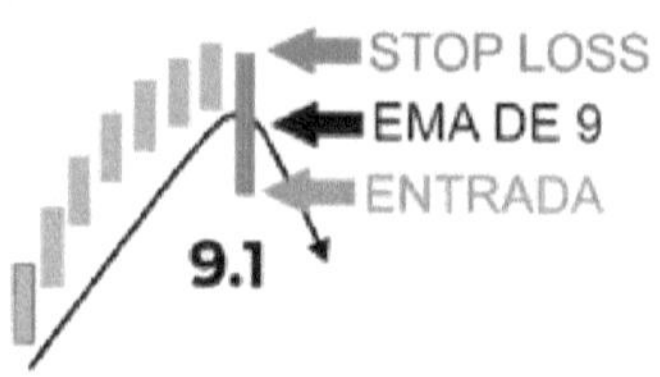

Notas Finais

COMO MENCIONADO NO CAPÍTULO SOBRE A COMPRA SEGURA DE BITCOIN, É ESSENCIAL ESCOLHER UMA EXCHANGE CONFIÁVEL. PORTANTO, DISPONIBILIZO ABAIXO OS LINKS DAS CORRETORAS MAIS UTILIZADAS E CONFIÁVEIS NO MOMENTO EM QUE ESTE LIVRO É ESCRITO:

BINANCE
HTTPS://WWW.BINANCE.COM/EN/ACTIVITY/REFERRAL-ENTRY/CPA/INCREMENTAL?REF=CPA_00K1HXPM05

BYBIT
HTTPS://WWW.BYBIT.COM/INVITE?REF=RKKGRO

LEDGER
HTTPS://SHOP.LEDGER.COM/PT?REFERRAL_CODE=302V32HN2024Z

AO UTILIZAR UMA EXCHANGE CONFIÁVEL, E USAR UMA HARDWALLET COMO A LEDGER VOCÊ ESTARÁ NO CAMINHO CERTO PARA COMPRAR BITCOIN DE FORMA SEGURA E PROTEGER SEUS INVESTIMENTOS NO MUNDO DAS CRIPTOMOEDAS.

Pesquisa de Atitude

O QUE SÃO CRIPTOMOEDAS?

POR QUE NEGOCIAR CRIPTOMOEDAS?

QUAIS SÃO OS RICOS DE NEGOCIAR CRIPTOMOEDAS?

O QUE SÃO INDICADORES TÉCNICOS?

POR QUE USAR INDICADORES TÉCNICOS?

QUAIS OS TIPOS DE INDICADORES TÉCNICOS?

COMO USAR UM INDICADOR TÉCNICO?

COMO ESCOLHER O MELHOR INDICADOR TÉCNICO?

COMO EVITAR ERROS AO USAR INDICADOR TÉCNICO?